MÉMOIRE

SUR

LA SITUATION FINANCIÈRE DE L'ESPAGNE.

DU MÊME AUTEUR.

HISTOIRE FINANCIÈRE ET STATISTIQUE GÉNÉRALE DE L'EMPIRE BRITANNIQUE, avec un exposé du système actuel de l'impôt, suivi d'un plan pratique pour la liquidation de la dette; ou Impôts, revenus, dépenses, dettes, forces et richesses de l'Empire Britannique et de ses nombreuses colonies dans toutes les parties du monde; ouvrage enrichi de 128 tableaux et d'un grand nombre de documens officiels et inédits, par PEBRER, membre de plusieurs sociétés scientifiques, traduit de l'anglais, par J. M. JACOBI, avocat. 2 vol. in-8°. Prix : . . . . 24 f.

Sous Presse.

HISTOIRE FINANCIÈRE ET STATISTIQUE GÉNÉRALE de la France et de ses dépendances, ou *Impôts*, *revenus*, *dépenses*, *dettes*, *forces* et *richesses* de la France, avec un exposé des ressources de cette nation, comparées à celles de l'Empire Britannique, par PEBRER. 2 vol. in-8°, avec un grand nombre de tableaux.

MÉMOIRE

SUR

LA SITUATION FINANCIÈRE

DE L'ESPAGNE.

DES RESSOURCES INTÉRIEURES ET EXTÉRIEURES
APPLICABLES A LA LIQUIDATION DE SA DETTE,

ET DE LA MESURE PROPOSÉE
D'UNE BANQUEROUTE NATIONALE ET ÉTRANGÈRE
POUR CONSOLIDER LE CRÉDIT DE CET ÉTAT,

PRÉSENTÉ A S. M. LA REINE ET RÉGENTE

PAR PEBRER,

MEMBRE DE PLUSIEURS SOCIÉTÉS SAVANTES, AUTEUR DE L'HISTOIRE FINANCIÈRE ET STATISTIQUE GÉNÉRALE DE L'EMPIRE BRITANNIQUE.

Traduit de l'espagnol

PAR LE MARQUIS DE SAINTE-CROIX,

MEMBRE DE PLUSIEURS ACADÉMIES.

PARIS.

Fᴰ. BELLIZARD ET Cᴵᴱ, ÉDITEURS,

RUE DE VERNEUIL, 1 (*bis*).

1834.

AVANT-PROPOS.

Ce mémoire, ayant été écrit depuis quelque temps et dans l'intention d'être présenté et soumis particulièrement au gouvernement de Sa Majesté la reine et régente d'Espagne, ne devait d'abord pas être imprimé et publié; le lecteur ne doit donc s'attendre à trouver ici que l'*indication* des grands moyens qui sont encore à la disposition de l'Espagne, sans rencontrer dans ce peu de pages les calculs profonds, les détails, les réflexions, les raisonnemens et recherches extraordinaires qu'exige une matière aussi vaste et aussi compliquée.

Ce mémoire n'aurait donc jamais vu le jour, si l'auteur n'avait pas cédé aux instances et aux désirs de ses amis, qui ont cherché à le convaincre que, dans le moment présent, il était de son devoir de le publier tel qu'il a été présenté au gouvernement espagnol, dans le but non-seulement de calmer la juste inquiétude dans laquelle se trouvent un nombre très considérable de familles dont l'existence dépend des ressources de l'Espagne, et des mesures que prendra le gouvernement relativement à la dette étrangère, mais encore pour l'honneur de la nation espagnole et de son gouvernement.

MADAME,

S'il est certain que l'heureux changement qui vient de s'opérer en Espagne touche aux grands intérêts du monde politique, il affecte à plus forte raison ceux immenses du monde financier.

Si ce changement réclame l'attention des hommes d'états, avec plus de raison sans doute, il appelle aussi les méditations des personnes qui s'occupent d'économie politique.

Engagé dans un travail financier d'une grande importance pour le public (1), je n'aurais pas abandonné un ouvrage aussi essentiellement utile, si le devoir que m'impose le pays où j'ai reçu le jour, et les sinistres projets qui circulent de préparer l'Espagne à faire une *banqueroute nationale* (2) ne m'a-

(1) Histoire financière et statistique générale de la France et de ses dépendances, ou impôts, revenus, dépenses, dettes, forces et richesses de la France, comparées à celles de l'empire Britannique.

(2) Ces rumeurs malheureusement viennent de se confir-

vaient forcé de suspendre pour le moment l'ouvrage que j'avais entrepris.

Certes, tout doit céder devant ce grand objet, de tâcher de parer, autant qu'il m'est possible, à la somme des maux qui peuvent affliger l'Espagne, en opposant mes faibles lumières à l'ignorance et à la malice, qui seule peut conseiller aux hommes d'état une mesure si horriblement désastreuse que celle de la banqueroute.

La précipitation avec laquelle cette exposition a

mer par l'exposition officielle du directeur de la caisse d'amortissement du mois de mars dernier.

Par cette exposition, le ministre propose au Gouvernement espagnol une banqueroute dont l'injustice offre rarement d'exemples parmi les nations; mais en même temps il croit relever le crédit et la prospérité de l'Espagne de la manière la plus extraordinaire, par un plan d'une absurdité dont on n'a point vu de modèles dans les aberrations de l'esprit humain.

En effet, le directeur de la caisse d'amortissement commence par déduire de la seule partie de la dette dont les intérêts sont actuellement acquittés, la moitié, proposant de solder 100 millions au lieu de 200 que l'on paie aujourd'hui.

Il ôte ainsi 40 pour cent du capital aux rentiers de Paris, 60 pour cent aux porteurs de rentes 3 pour cent, de même qu'à ceux des bons des Cortès, et après les avoir dépouillés de la sorte, il capitalise les 40 pour cent qu'il a la générosité de leur accorder à 3 pour cent.

Après des mesures aussi *justes* que *judicieuses* et *séduisantes*,

été écrite, la concision qu'il a été nécessaire d'adopter, la méthode peu conforme et l'usage qu'il a été indispensable de suivre pour donner au travail la plus évidente clarté, les citations auxquelles il a fallu recourir, les répétitions, qui dans d'autres matières seraient inexcusables, mais qui dans celle-ci deviennent indispensables, sont autant de puissantes raisons pour réclamer l'indulgence.

On ne trouvera dans ce travail ni un style brillant, ni une éloquence persuasive, avec des phrases séduisantes, mais des faits simples et vrais, des résul-

le directeur, pour attirer les capitaux de ces mêmes étrangers en Espagne, déclare expressément ce qui suit : « Mais « il est entendu que tout paiement de coupon aura lieu en « Espagne, et qu'on pourra établir un *petit bureau* à Saint-« Sébastien pour faciliter les spéculateurs..... » Grand Dieu! entre quelles mains sont placées les destinées financières de l'Espagne? Cette mesure serait précisément le moyen certain et unique pour éloigner tous les étrangers à prendre part et à employer leurs capitaux dans les rentes d'Espagne; M. le directeur pourrait se rappeler qu'ayant mis une semblable condition à l'emprunt appelé *national des Cortès*, il fallut l'annuler de suite en ordonnant le paiement des intérêts à Londres et à Paris. En voilà assez de dit sur cette matière.

Ce n'est pas ici la place de réfuter les autres absurdités qui abondent dans ce projet; nous renvoyons le lecteur au plan même qui se trouve dans le *Journal du Commerce* et *de Paris* du 2 avril.

tats connus, une série de démonstrations positives qui nous serviront de guide dans les propositions que nous soumettons avec un grand respect à l'impartialité, au jugement sain et à la sagesse du gouvernement de Votre Majesté.

PREMIÈRE PROPOSITION.

Si l'Espagne, dans les circonstances où elle se trouve, n'avait pas une dette publique nationale et étrangère, il serait nécessaire que l'État en créât une semblable à celle qui existe aujourd'hui.

Pour développer et résoudre ce qui paraît d'abord un paradoxe, nous suivrons les économistes espagnols les plus célèbres et en même temps les plus modérés dans les états calculés qu'ils présentent sur la situation financière de l'Espagne.

L'Espagne, cette région que la nature semble avoir formé comme un rempart pour servir à contenir l'immense volume des eaux de l'Océan et de la Méditerranée qui menacent d'inonder l'Europe, contient une superficie de 15,005 $\frac{1}{2}$ lieues carrées, laquelle se trouve coupée par cinq chaînes de montagnes qui sont autant de lignes militaires de défenses et sont également autant de sources de richesses par l'immense abondance des mines, par tous les genres de métaux qu'elles renferment, par la multitude de collines et de vallées d'un grand rapport qui y existent, par l'origine des sources de 340 rivières, sans y comprendre celles d'un cours plus majestueux qui se croisent et coupent dans toutes les directions de magnifiques vallées; fertilisant par d'abondantes eaux 150 millions de fanegadas (1) de terres de 500 estadales (2), qui, toutes ensemencées, pourraient produire les fruits variés du nord et des tropiques, et rendre avec avantage les productions diverses de tous les climats et de toutes les régions du globe.

On compte un plus grand nombre de *fanegadas* ou d'étendue de terrain à la partie que l'on assigne aux montagnes, chemins et rivières, etc., etc.; mais, comme le déclare un classique espagnol (3), *il n'y a aucune partie de l'Espagne qui soit entièrement frappée de stérilité.*

Mais dans le nombre de *fanegadas* qui sont dans

(1) *Canga*, dans ses élémens d'administration, donne seulement 136 millions de fanegadas et réduit, par conséquent, le nombre des productions sans mentionner les données sur lesquelles il établit les autres réductions; dans tous les cas, la différence est si *minime*, que cela ne peut être mis en question.

(2) Une fanegada de 500 estadales équivaut à 48,33578 ares métriques.

(3) Mariana, *historia de Espana*, 1 v. capi I.

la position d'être ensemencés et que nous avons mentionnés, il existe actuellement plus de 45 millions de *terre vague, baldios*, qui n'attendent que la main de l'homme et un capital pour être rendues plus utilement productives.

Les provinces de la plus grande fertilité en Espagne, comme l'Andalousie et l'Estramadure, sont précisément celles où il y a un plus petit nombre de propriétaires, tandis qu'il y a un plus grand nombre des terres de cette classe *de baldios* (1). 4,225,000 *fanegadas* de la même espèce de terrain, et également fertile, existent en *terres communales*, et *concejiles* (2).

(1) La province de Séville, qui a une plus grande fertilité que celle de Valence avec une extension territoriale de plus de moitié, présente seule une masse de productions qui peuvent monter à 211,698,587 réaux, quoique Valence les double par la somme de 488,677,978 réaux :

	Laboureurs.	Fermiers.	Propriétaires.
Séville compte	118,741	14,002	5,309.
Valence,	65,590	57,462	25,706.

Voir Canga, elementos d'hacienda.

La même disposition est applicable à l'Estramadure et à la Castille comparés aux autres provinces ; il est donc de toute évidence que le plus petit nombre de propriétaires est principalement la cause de la pauvreté agricole et nationale. Il en résulte que l'augmentation de propriétaires produirait précisément l'effet contraire.

(2) Les seules communes de la couronne, suivant l'état

Los *Sotos apartados y Bosques*, ou terrains clos et parcs, en sus des lieux indispensables à la récréation des personnes royales, montent à 300 mille *fenegadas*.

La valeur des propriétés de toutes les classes restantes aux *œuvres pies* sécularisées et propres à être vendues excède la somme de 38 millions de piastres fortes.

Dans le but que notre assertion démonstrative ne paraisse pas exagérée, nous limitons seulement à faire mention de cette branche de richesses agricoles, laissant à parler dans une autre proposition de la richesse minérale de la monarchie.

Mais, en nous arrêtant à ces quatre parties de la richesse agricole de l'Espagne, nous n'omettrons pas de rappeler que ce royaume possède une population de 14 $\frac{1}{2}$ millions d'habitans, *pour le moins*, répartis et dispersés dans les limites de la superficie que nous avons indiquée précédemment. Lesdites propriétés et terrains ne sont pas par conséquent dans la situation des steppes de la Russie, des plaines dites Pampas de *Buenos-Ayres*, Mexico et Colombie, et même des terres du même genre aux États-Unis, ni de celles de l'Australie, car en Espagne la population est incomparablement plus compacte, plus homogène et

officiel des cartes de 1822, évaluent à 4 milliards de réaux ou 1,080,000,000 de francs. (Voir à la fin, table B.)

sans castes ; le climat y est infiniment supérieur, les distances moins longues, les applications de capitaux plus faciles, les retours en caisse beaucoup plus courts ; les bénéfices, par conséquent, doivent être *plus prompts*, *plus certains et plus avantageux*.

Tout le monde convient et se trouve d'accord que l'époque est arrivée où l'Espagne, aidée des circonstances int. rieures et favorisée par la position des affaires financières de l'Europe, et de l'abondance des capitaux sans (1) emplois à l'extérieur, ne doit pas perdre l'heureuse occasion de développer et de mettre en mouvement les ressources nombreuses de sa richesse nationale et agricole.

Mais il est aussi impossible et de toute évidence que ce grand objet ne peut être réalisé, si non-seulement les capitaux nationaux, mais encore les capitaux étrangers ne viennent concourir ensemble et donner l'impulsion à la propriété nationale dont nous avons parlé.

Los baldios, les *tierras concejiles y communes*, les propriétés *sécularisées* resteront des siècles dans l'état où elles se trouvent aujourd'hui, si elles ne passent dans des mains plus *actives* et *productives*.

Mais il est un fait certain : si même en passant dans de *nouvelles mains* on n'applique pas à ces pro-

(1) La masse des capitaux est si forte en Angleterre, que l'intérêt de l'argent y est actuellement à 2 et demi pour cent.

priétés des *nouveaux capitaux* abondans, ces terres ne pourront être utiles et avantageuses pour la production.

Il est assez connu en fait, qu'en Espagne, il y a rareté de capitaux en circulation ; mais ce qui occasionne encore plus cette rareté, c'est la timidité et la juste prudence des Espagnols à rendre leurs capitaux visibles, et la répugnance plus grande encore qu'ils ont de donner un cours quelconque à leurs moyens pécuniaires *non circulans.*

Une série non interrompue de gouvernemens d'une inconcevable rapaçité et malheureusement sans foi ont convaincu l'Espagnol prudent et réservé que, pour conserver la propriété de ses fonds, la chose la plus certaine était de les rendre invisibles, de même que s'il vivait sous le gouvernement *turc.* Les opinions et les coutumes des peuples ne se détruisent pas avec facilité et ne changent pas si vite; tous moyens seraient inutiles, le gouvernement espagnol perdrait, avec son temps, les frais de l'opération, si jamais il pouvait avoir l'idée de croire que les Espagnols achèteraient une quantité suffisante de terrains et propriété nationale, dont nous avons parlé, et mettraient ainsi en circulation leurs capitaux existans et le numéraire inactif et occulte.

Toute autre ressource qu'une dette, papiers ou crédit, créée par le gouvernement, serait un remède inutile, infructueux et absurde.

Mais ajouter de nouveaux capitaux à l'amélioration des propriétés nationales acquises par le moyen de la dette publique serait encore une opération difficile, si elle n'était pas accompagnée d'un grand exemple, et du puissant appât de gain, que nous exposerons plus tard ; car on se ressouvient encore trop fortement des pertes récentes qui ont été faites par les acquéreurs dans l'amélioration des biens nationaux, acquis en échange de la dette de l'État en 1820 et 1823.

Au contraire, la situation des étrangers est bien plus avantageuse pour remplir l'objet que nous avons indiqué. Ses propriétés, étant et ayant été religieusement respectées, leur donnent de la confiance et les mettent à couvert de l'arbitraire qui pèse sur les sujets espagnols. Si l'on joint à cette manière confiante, pour les étrangers, de traiter les affaires avec sûreté, l'éducation nouvelle financière des peuples, la surabondance de capitaux existans, les idées incomparablement plus avancées pour l'emploi et l'application de ces mêmes capitaux, qui vont chercher un gain plus considérable dans les parties les plus éloignées du globe (1), la somme d'un intérêt plus

(1) La compagnie anglaise d'agriculture de l'Australie envoie tous les ans un capital considérable à plus de 3,000 lieues de distance, dont on n'a réponse qu'après 300 jours; elle pourrait en 150 heures connaître leur destination en les employant dans l'*Estramadure*, province qui, ayant 360 lieues carrées, et dont la plus grande partie est en bien domanial,

grand, lorsqu'on l'appliquera aux propriétés territoriales de la Péninsule (qui peuvent sans exagération être comparées aux terres les meilleures et les plus productives des autres parties du monde) ; l'ensemble enfin de tous ces élémens fera donner sans aucun doute la préférence à l'Espagne, aux capitalistes étrangers, pour avoir pour ainsi dire sous les yeux les intérêts, par la facilité de prompts retours, et enfin par l'utilité plus certaine et plus assurée des motifs que nous venons d'exposer.

Mais, malgré la certitude de toutes ces brillantes et avantageuses circonstances, l'opinion dont la plus grande partie des étrangers est imbue, en ce qui concerne l'Espagne, serait un des plus puissans ob-

ou Baldios, offre en céréales une fertilité moyenne de 11 pour un. Cette productibilité excède celle de l'Australie au Canada et même celle des États-Unis. Les grands capitaux employés par les compagnies d'agriculture anglaises au Canada auraient un plus grand avantage dans la Péninsule espagnole. Combien d'associations d'agriculture, de mines, de routes, de colonisations, de chemins de fer, etc., etc., se formeraient en Angleterre si le gouvernement espagnol connaissait l'esprit de spéculation, la mobilité et les ressources du marché de Londres, qui seul paie et solde journellement 225 millions de francs, plus de 71 milliards par an! Quel avantage pour la Péninsule, les spéculateurs et les capitaux oisifs anglais, si ceux qui dirigent les destinées de l'Espagne en savaient tirer parti! Bientôt cette région changerait de face à son profit et celui du monde.

stacles pour faire employer *volontairement* des capitaux dans un pays où l'inquisition et le despotisme ont commis tant de fautes énormes. Le seul puissant remède qu'il y aurait, pour vaincre ce formidable inconvénient, serait de *créer une dette nationale étrangère*, en vertu de laquelle les étrangers seraient *forcés* à recevoir le montant du capital avancé en propriétés rurales; *l'intérêt*, ce grand mobile du cœur humain, dissiperait promptement les erreurs et les préjugés qui ont été accrédités sur l'Espagne.

Il existe aussi une autre puissante considération dans l'ordre naturel des choses, qui est l'envie toute-puissante de conserver le capital que l'on a acquis.

L'appât irrésistible de chercher à l'augmenter forcerait (que l'on me passe l'expression) les acheteurs étrangers à rendre leurs terrains plus productifs, opération qu'il serait impossible de réaliser sans avancer de nouveaux capitaux.

Mais, comme l'exemple et la certitude du gain obtenu par les étrangers exciteraient l'activité des nationaux et devraient leur donner l'idée d'acquérir par les mêmes moyens, on verrait infailliblement disparaître, à la vue de cet appât, les préjugés des Espagnols, de même que ces préjugés ont disparu parmi les autres nations (1).

(1) Quand on contracta avec les maisons anglaises et hol-

A l'introduction de l'augmentation des capitaux étrangers se joindrait l'immense avantage d'exciter les Espagnols à employer aussi les leurs, et même à y appliquer ceux qui, étant occultes, sont retranchés de la circulation, et qu'ils emploieraient ainsi à l'amélioration des terrains qu'ils auraient acquis.

Tous ces faits sont aussi incontestables que positifs et évidens. Elle serait donc la mesure la plus effective, la plus rationnelle et la plus financière pour obtenir le grand objet du développement des ressources de la richesse publique en Espagne, que celle de créer une dette, comme nous l'avons annoncé?

Donner en *pur don* lesdites propriétés en terre serait certainement une prodigalité inconnue dans l'histoire financière du crédit public des nations;

landaises Bering et Hope, aucun établissement de commerce et de banque français n'osa prendre part à cet emprunt; mais depuis, en voyant l'utilité et le mode dont on parvenait à effectuer lesdites opérations, il fut nécessaire de placer des gens d'armes, et d'user de la force publique pour contenir la multitude de banquiers et de commerçans qui vinrent en foule faire des offres.

Dans les premiers emprunts faits par Laffitte et Haldiman, les Espagnols se refusèrent à y concourir en aucune manière; mais en vue des gains une année après, ils souscrivirent dans une seule réunion pour la moitié de l'emprunt, nommé *national*, de 72 millions de réaux, souscription véritablement extraordinaire en Espagne.

et à plus forte raison si, comme il est naturel de le penser, on limitait ce don aux nationaux; alors manquerait l'important objet d'attirer les capitaux étrangers, comme nous allons achever de le démontrer.

Mais diviser lesdites propriétés en terre, les distribuer, les subdiviser, pour qu'elles produisent un effet financier et utile, serait une opération extraordinairement difficile et compliquée, opération sujette à manquer des bases financières, qui sont considérées comme indispensables, pour avoir les résultats utiles et productifs dont nous venons de parler, opération enfin exposée aux partialités, aux injustices, aux agitations et aux discordes.

Une dette publique, dans le cas contraire, se trouve distribuée, répartie et subdivisée en petites fractions, avec le double avantage d'être possédée par un grand nombre de capitalistes et spéculateurs, gens qui joignent (aux capitaux qu'ils possèdent) l'activité, l'envie de gagner et l'esprit des spéculations..

Si les limites concises où nous nous sommes réduits dans ce mémoire nous le permettaient, nous passerions en revue une multitude de moyens suggérés par les financiers les plus classiques, pour montrer la route que l'on doit suivre, pour obtenir le grand objet du développement des richesses nationales agricoles des peuples; mais, après les avoir médités avec attention, nous en avons déduit que, jusqu'ici aucun des moyens qu'ils proposent ne satisfait ce grand objet.

Nous avons dès lors pensé qu'il n'existait aucun projet reconnu qui ait réuni *moins d'inconvéniens et qui offre plus d'avantages financiers*, dans la situation actuelle de l'Espagne (1), que celui dont nous

(1) Suivant l'ouvrage que vient de publier M. Moreau de Jones, l'on voit par les documens officiels qu'il cite, qu'en 1803, l'Espagne, ayant besoin de 30 millions d'hectolitres de blé, pour venir au secours de la population, que même pendant la guerre de Buonaparte, selon l'histoire de l'invasion, faite par l'ordre du gouvernement espagnol, elle avait reçu 46 millions d'hectolitre; mais que, depuis sa première époque, elle a augmenté son agriculture de 1082 lieues carrées, que dans le moment elle possède une surface cultivée de 2,350 lieues carrées qui produisent en grains 61,658,000 hectolitres qui non-seulement suffisent pour la consommation du pays, mais encore donnent un surplus de 632,000 hectolitres qui sont exportés à la Havane, en France et en Angleterre, et produisent un retour en argent de 12 millions de francs.

De ces faits résultent les conséquences les plus démonstratives et les plus importantes de la vérité de notre système. Il s'ensuit encore qu'il reste en Espagne près de 13 mille lieues carrées, incultes et susceptibles de production, et que le gouvernement est obligé d'utiliser et de rendre productives.

Il en résulte, en définitive, que l'Espagne, pendant l'espace de 30 ans, a doublé ses ressources en produits agricoles; phénomène extraordinaire dont aucune nation (y compris les

venons de faire mention, qui est la *création d'une dette nationale et étrangère.*

Nous en avons déjà fait voir les avantages économiques et financiers sans sortir du cercle que nous nous sommes tracé. Pendant que dans ce moment nous laisserons à la méditation et au jugement du gouvernement de Votre Majesté les *considérations, les avantages politiques et incalculables* qui comprennent et embrassent cette mesure importante.

États-Unis) ne présente d'exemples, si on considère les circonstances dans lesquelles ce fait s'est opéré.

Car ce fut pendant la guerre la plus meurtrière et la plus dévastatrice (qui a duré 7 ans) qu'offre l'histoire, ce fut pendant l'invasion la plus injuste et la plus infâme (1823) dont les traces n'offrent point d'exemples parmi les peuples civilisés. Mais ce qui est étonnant, lorsqu'on réfléchit que l'Espagne, malgré tous ses malheurs, doit un phénomène d'économie politique aussi extraordinaire aux mesures limitées et partielles, adoptées dans l'administration du prince de la Paix, relativement à la vente des *œuvres pies, biens communaux*, etc., etc., ainsi qu'aux dispositions et aux mouvemens donnés par les Cortès en 1812 et 1821.

Sur le même objet on pourrait calculer et juger quels devraient être les grands résultats, pour la Péninsule espagnole et pour le monde civilisé, si le gouvernement actuel adoptait des *mesures générales, des dispositions et des résolutions grandes, sages et fermes*, avec un système combiné comme celui que nous venons d'indiquer.

La nation espagnole devrait au moins en faire l'essai pour le bonheur et l'utilité du monde entier.

Mais heureusement il n'est pas nécessaire de recourir à une disposition semblable puisqu'il existe une *dette publique* dont la proportion est relative aux ressources *positives* qu'offre la nation espagnole. C'est ce que nous allons examiner.

DEUXIÈME PROPOSITION.

La dette publique, nationale et étrangère de l'Espagne, est extrêmement peu considérable, relativement aux ressources et crédit individuel du royaume comme nation, si on la compare aux ressources et aux moyens qui sont applicables à son paiement, et à sa totale extinction.

Quoique cette question soit la plus importante de celles qui peuvent être agitées et discutées par rapport aux grands intérêts financiers de la nation espagnole, elle est heureusement la plus susceptible de démonstration, la plus facile, et de la clareté la plus évidente.

Sa résolution dépend simplement de quantités, dans lesquelles une erreur, se voit toujours tellement limitée qu'elle ne pourrait changer sensiblement la vérité de la proposition, affecter le calcul ou dévier de ce grand objet.

Voilà la raison pour laquelle dans la démonstration, il n'est pas nécessaire d'arriver dans les totaux à une précision arithmétique, et dans les valeurs à une exactitude minutieuse, opération qui sans augmenter l'évidence, en aurait diminué la lucidité.

Différens états ont été fournis, et ont donné des détails et des totaux sur la dette nationale sans intérêts et avec intérêts.

Parmi le grand nombre d'états que nous avons parcourus et examinés, nous devons donner la préférence à *l'État officiel intitulé* : *Estado official estendido a consecuencia del examen del credito publico para cuyo objecto, fue nombrada una junta especial en marzo de* 1822.

Cette respectable assemblée réunissait au pouvoir et à l'intelligence, les moyens d'indépendances nécessaires, et par-dessus tout la liberté de former à cette époque un état effectif et réel, sans que la partialité, ou l'intérêt, ait pu y prendre part pour oser présenter au Congrès un état faux.

Il résulte de cet état fourni à l'assemblée, que la dette *sans intérêts* est de 1,464,298,825 réaux.

A l'égard de la dette *avec intérêts*, nous venons d'apprendre officiellement le montant, par l'exposition que, dans le mois de mars dernier, vient de faire au gouvernement le ministre de la Caisse d'Amortissement.

Suivant cet état, la totalité des intérêts à payer

pour la dette antérieure s'élève à la somme de 60,000,000 de réaux, qui, calculée au taux moyen de 4 1/2 pour 0/0, donne un capital pour toute la dette interne de 1,350,000,000 réaux, qui, ajoutés à la précédente partie de la dette sans intérêts, donne un total de 2,814,298,825 réaux ou, 140,714,941 piastres fortes.

Pour vérifier la somme totale de la dette étrangère, cela est encore bien plus facile, par le paiement des intérêts; la somme annuelle qui en est faite tous les ans est un moyen presque infaillible pour arriver à connaître la totalité du chiffre du capital.

Nous pouvons assurer, comme ayant été commissaire dans le temps où l'on a soldé les derniers dividendes de l'Emprunt des Cortès, vérifié en conséquence de notre avertissement officiel publié à Londres le 28 mars 1823, que la somme payée par Haldiman et Laffitte, pour le dernier semestre, montait à 320 mille livres sterling, un peu plus ou moins, laquelle somme a donné une somme annuelle d'intérêt de 700 mille livres sterling environ, ou bien 14 millions de livres sterling de capital. Si on joint à cette somme les 2 millions de livres sterling de l'emprunt Campbell, que l'on mit alors en circulation pour solder les lettres de change appartenant au commerce espagnol, tirée par lui contre Bernalès, déduisant de cette somme un million qui est supposé converti en rentes de Paris de 3 pour 0/0 en vertu de l'opération de 1831 ; ajoutant encore à ladite somme 600 mille livres sterling de certificats de rentes espagnoles, en conséquence du traité fait par Ofalia, nous avons en Angleterre 15,600,000 livres sterling qui font 78 millions de piastres fortes effectives. Si nous ajoutons à la dite somme 80 millions de francs qui se doivent à la France et 33 millions de piastres fortes en rentes 3 o/o et 10 millions en rentes 5 o/o existantes en France, Amsterdam, etc., inclus le reste de l'emprunt royal, nous aurons le total général de la dette étrangère qui sera de 216,577,777 piastres fortes. (1) Voir le compte (A).

Il résulte en définitive que la dette nationale et

(1) Note de ce qui est payé à Paris pour compte de l'Espagne :

	Piastres fortes.
3 p. o/o Amsterdam, Anvers, Paris et Londres,	1,000,000
5 p. o/o rente perpétuelle à Amsterdam,	1,225,000
5 p. o/o *id.* *id.* à Paris,	1,095,000
5 p. o/o emprunt royal à Paris,	1,180,000
	4,500,000

Piastres fortes à 5 fr. 40 c. de change, fonds de France,	24,300,000
Au trésor de France,	4,000,000
	28,300,000

Sur cet état officiel les lecteurs peuvent calculer la totalité du capital.

étrangère que doit en ce moment l'Espagne s'élève à 357,292,718 piastres fortes.

La nation anglaise doit 4 milliards de piastres fortes; cette dette ne présente pas d'autres garanties ou hypothèques que l'honneur de la nation, et son crédit public.

La France doit 5 milliards 135 millions de francs, ou bien plus d'un milliard de piastres fortes, et l'hypothèque des biens nationaux est presque éteinte; elle n'appuie aujourd'hui sa dette que sur son honneur et sa responsabilité.

La Hollande, qui ne possède que 2,400,000 habitans, qui a un territoire très peu étendu et marécageux, a une dette de 760 millions de piastres fortes, sans autre hypothèque que sa responsabilité comme nation.

Personne, assurément, ne peut nier que la monarchie espagnole, avec une superficie de 214,400 milles géographiques et une population de 19 ½ millions d'habitans (1), doit présenter, dans l'hon-

(1) Balby donne un nombre d'habitans très limité aux îles Philippines qui sont sous la domination espagnole; cette population s'élève à 4 millions d'habitans. Ainsi la population de la monarchie espagnole, au moment présent, ne peut être calculée à moins de 19 ½ millions d'habitans, dont 14,500,000 pour l'Espagne et les îles adjacentes.

Voir l'état, par Pebrer, page 366. Histoire financière de l'Empire Britannique.

neur et la garantie à remplir ses engagemens, une responsabilité, comme nation, suffisante pour assurer et couvrir une dette infiniment inférieure à celles des autres nations; en faisant en outre remarquer que ces peuples ne possèdent pas, comme l'Espagne, des propriétés nationales applicables à l'extinction de la dette précisée.

L'Espagne a son crédit, et a son honneur comme nation; avec l'assurance d'un gouvernement représentatif, elle offre une hypothèque bien supérieure à sa dette.

Dans un mémoire aussi concis que celui-ci, il n'est pas nécessaire de détailler les immenses valeurs qui forment sa richesse, et qui constituent le capital national de l'Espagne, élevé par les économistes les plus distingués à 8 milliards de piastres fortes, et dont les produits annuels de l'agriculture s'élèvent à 435 millions de piastres fortes.

Nous n'entrerons pas dans les détails des valeurs agricoles applicables à l'extinction de la dette, qui s'élèvent, ainsi que l'a exposé un des financiers espagnols, le plus expert en cette matière, à la somme de 21,805,806,666 réaux de V^lns, ce qui est plus de un milliard de piastres fortes.

Nous ne ferons pas mention des rapports faits par le ministre des finances Soler, homme de connaissance et de probité reconnue, qui élève les propriétés appartenant aux œuvres pies (1) seulement, dans la Péninsule espagnole, à 3 milliards de réaux, ou bien à 150 millions de piastres fortes.

Nous n'aurons pas recours non plus à l'état présenté au roi *intrus* Joseph, par Cabarrus, homme célèbre par ses profondes connaissances statistiques et financières de l'Espagne, et dont l'autorité fait loi, et qui prouve que la valeur des biens du clergé en Espagne, et dans les îles adjacentes, est de 2 milliards 500 millions de réaux, ou de 125 millions de piastres.

Nous nous arrêterons à un nombre circonscrit et limité de valeurs, qui nous sont offertes par les richesses agricoles et minérales de la monarchie espagnole celles qui sont les plus disponibles, et les plus applicables au paiement de la dette, sans préjudicier aucunement aux droits des individus, mais au contraire qui augmenteront les ressources et les richesses de la nation espagnole et des particuliers.

En l'absence totale et absolue d'une statistique espagnole (2), ce moyen nous faciliterait, dans ses produits fixes, les bases pour calculer les capitaux nationaux; il sera nécessaire de nous en rapporter

(1) Dons faits aux couvens et aux églises, hôpitaux, etc.

(2) L'auteur a fait une offre de 1,000 fr., à la Société française de statistique universelle, pour celui qui présentera la meilleure statistique sur l'Espagne.

à une évaluation fondée sur des bases générales qu'offrent les possessions de l'Espagne comparativement avec celles *des autres nations*, pour pouvoir calculer et évaluer les capitaux approximativement.

Il n'est pas aussi d'absolue nécessité, pour la solution de la présente question, d'avoir un autre genre d'évaluation.

En commençant d'abord par les 150 millions de *fanegadas* de terre qui sont cultivables et susceptibles d'être ensemencés, que nous avons mentionnées, il est admis que 45 millions desdites terres sont vagues ou *baldios*, ou incultes, non par le manque d'une grande fertilité, puisqu'elles sont situées en général dans les provinces les plus productives de la monarchie, mais pour d'autres causes.

En faisant attention à *la valeur* que donnent les financiers aux terrains incultes, improductifs, en d'autres pays (1), et les évaluations des financiers pratiques, la fanegada de terre de la classe de celles dont nous parlons ne peut être évaluée à moins de 10 piastres par fanegada, ce qui ferait la somme de 450 millions de piastres.

Les terres nommées *communes* et *concejiles*, qui

(1) Histoire financière et statistique générale de l'Empire Britannique, etc., etc.; par Pebrer, page 366, où on voit, par la valeur des terres productives, que les évaluations des économistes anglais pour les terres improductives sont cal-

ne sont pas incluses dans la présente énumération, montent à 4,224,800 fanegadas qui, au même prix, produisent 42,248,000 piastres fortes (1).

Les parcs et les bois enclos, *sotos y bosques*, en sus, et qui servent à la récréation des personnes royales, peuvent être évalués à 300 mille fanegadas, qui, quoique la valeur soit plus considérable et le terrain meilleur, sont estimées au même prix et forment la somme de 3,000,000 de piastres fortes.

Le droit d'avoir la faculté d'acheter et de diriger les eaux, les abris pour les bestiaux, nommés *abrebaderos*, la coupe des bois, etc., etc., appartenant particulièrement aux conseils des communes ou qui sont du domaine public, nommé *absoluto;* cette étendue de terrain peut être estimée à 50 millions.

Le restant, qui comprend les *œuvres pies* et propriété sécularisée, peut être vendu pour 38 millions, ce qui donne un total de 583,248,000 piastres fortes. Voir le compte (A) pour la partie qui correspond seule à la richesse agricole.

Mais, avant que de passer à la richesse minérale, il est indispensable de réclamer l'attention particu-

culées au prix de 15 liv. sterl. ou de 75 piastres par acre.

L'acre anglais est de 4,840 yards carrés, donnant 40,4671 ares.

La fanegada donne 48,33578 ares.

(1) Voir l'état B.

lière des financiers sur la situation avantageuse où se trouve la plus grande partie de ces terrains, qui couvrent non-seulement une grande partie des provinces dont le climat produit les fruits de toutes les régions, mais enfin qui se trouvent situés sur les bords fertiles de l'Èbre, de la Guadiana, du Tage, et de tout ce qui environne les bords délicieux du Guadalquivir.

Depuis les temps les plus reculés, la richesse minérale de l'Espagne a été proverbiale.

L'Espagne, était autrefois ce que sont aujourd'hui les Amériques, pour les deux grandes nations de l'antiquité. Il suffit de lire la notice officielle sur les mines d'Espagne, concédées en 1825 à D. A. Aguado, pour se convaincre de la richesse minérale de l'Espagne *exploitable*, qui sans avoir diminué, s'est conservée de manière à étonner le minéralogiste le plus circonspect et le plus éclairé.

Tout le monde ne sait pas encore que les mines de charbon, en Angleterre, excèdent du double les produits que rendirent les mines des Amériques espagnoles dans les années où l'histoire de leurs revenus offre les plus grands produits (1).

Cependant on peut être assuré que presque toutes les provinces d'Espagne, et plus particulièrement

(1) Voir les calculs faits dans l'ouvrage cité, Histoire financière, sur les produits des mines de charbons de terre.

les provinces maritimes, sont couvertes de mines de cette espèce, les plus abondantes, et d'une qualité supérieure surtout à l'entrée des ports, comme dans les Asturies, etc., sans que l'Espagne ait jamais pensé à en retirer aucune utilité. De cette manière elle a fait un tort notable à la navigation des côtes de la Méditerranée, ainsi qu'à celles de France qui baignent l'Océan, et plus encore un plus grand dommage à son industrie.

L'Espagne pourrait offrir, mieux que toute autre puissance, les articles importans en charbons de terre, à bien meilleur marché et à moitié du prix des Belges, des Anglais.

Mais nous laisserons pour mémoire cet article, un des plus précieux et peut-être le plus important de la richesse minérale de la Péninsule espagnole.

Passant ensuite aux mines de fer, la supériorité de celles de Biscaye est assez connue, non-seulement par son extrême abondance, mais encore par sa qualité supérieure. En unissant aux mines de fer celles d'or, d'argent, de cuivre, de sel, de soufre, antimoine, huile de pétrole, marbres de toutes les espèces et couleurs, plombagines, etc., qui sont en activité de travaux et en état de donner des bénéfices en ce moment, toutes ainsi réunies, on ne pourrait les évaluer à moins d'un capital de 60 millions de piastres fortes.

Mais les mines les plus riches et les plus productives en Espagne, les mines où le plus grand nombre de veines ne sont pas perdues, et celles du nom de *Borasca* est inconnue ; ces mines, qui s'étendent sur une superficie de plus de 70 lieues espagnoles et qui formeraient une masse immense de richesses pour toute autre nation, sont celles de plomb.

Il serait difficile de calculer d'une manière fixe la valeur de cette branche de richesse de l'Espagne ; nous avons vu les hommes les plus versés dans cette matière et les plus profonds, l'évaluer à une somme capable d'éteindre la dette actuelle de la nation.

En ajoutant à ces produits les mines extrêmement riches de *cobalt*, ocre, étain, etc., on croira assurément être très modéré en leur donnant une valeur de 75 millions de piastres fortes.

Mais les mines connues pour être les plus anciennes du monde, si nous nous en rapportons à l'époque de leurs premières exploitations, sont celles de mercure de Almaden (Manche). Nous avons vu que les produits annuels, évalués par les financiers espagnols, de cette mine si riche, variaient considérablement ; un d'entre eux l'estime à 31,000 arrobas (1) ou 775,000 livres françaises, un autre

(1) Le terme moyen du produit desdites mines pendant plusieurs années, a été de 12 à 14 mille quintaux, et ce produit a été obtenu sans aucune machine et sans l'aide de la vapeur. Quels auraient été les produits, si alors au capital on y avait joint cette puissance admirable ?

à 12 mille quintaux; tandis que d'autres assurent que les revenus annuels peuvent être portés à 2 millions de livres pesant de ce métal.

Pour notre part nous sommes convaincus que les produits de cette mine n'ont d'autres limites que la demande du minerai, l'*argent*, le travail nécessaire qui lui est applicable, et y joignant celui des machines à vapeur. En ajoutant aux mines d'Almaden toutes les autres nombreuses mines de mercure de la Péninsule, une évaluation de 58 millions de piastres n'est pas exagérée.

Il est évident que l'Espagne, contractant une dette publique, cette dette se trouve garantie non-seulement par les biens disponibles dans la Péninsule, mais encore dans les autres pays qui faisaient partie intégrante de la monarchie.

Malgré la perte récente des Amériques, l'Espagne possède une des îles les plus importantes sous tous les aspects, et en quelque façon la clé du Nouveau-Monde américain; elle possède aussi l'archipel le plus avantageusement situé, le plus fort pour sa propre défense et de la plus grande valeur maritime, relativement au Monde-Ancien: la Havane, l'île de Cuba, et les Iles Philippines.

Il faut dire avec franchise que les gouvernemens espagnols qui se sont succédés, du moment où ils ont pris possession de ces importantes îles, jusqu'à nos jours, n'en ont pas connu l'immense valeur, ni l'effet de leur importance dans la balance commerciale du monde.

Dans l'île de Cuba, qui est entourée d'une multitude de ports accessibles et propres aux exportations, l'île est coupée par une infinité de rivières, la terre est d'une grande fertilité et excède en production toutes celles des tropiques; on peut assurer qu'il y a près des deux tiers de terres vagues, *baldios*, qui, calculés à un prix inférieur à celui que l'on donne aux terres des États-Unis, servant à amortir la dette publique, formeraient encore une somme de 50 millions de piastres.

La très précieuse île de *Porto-Ricco*, s'il est permis de la nommer ainsi, non par exagération, mais par le calcul le plus froid que nous avons fait, d'après la position; dont le territoire est d'une fertilité extrême et d'un si étonnant produit de richesses, offre un des points les plus importans, surtout depuis que ce pays a augmenté si considérablement sa culture. Il y existe aussi, comme dans l'île de Cuba, des terrains immenses et propres à être cultivés, que l'on peut évaluer sans exagération à 10 millions de piastres.

Qui peut mettre en doute qu'en offrant les terrains disponibles et susceptibles d'être cultivés de ces deux îles, en paiement de la dette publique, aux nationaux et aux étrangers, une grande partie serait éteinte, en centuplant le bénéfice de ces îles et en améliorant le sort de ses populations?

Nous n'avons pas encore parlé de l'archipel de Luçon. La valeur des îles Philippines est infiniment moins connue en Espagne que celles de Cuba et de *Porto-Rico*.

Cet archipel qui se compose de 150 îles, peuplé par 4 millions d'habitans, pour le moins, et qui a plus de 22 ports principaux, offre, par sa position commerciale et maritime, ce qu'il y a de plus avantageux en Asie.

Sans considérer les immenses terres arables qu'offrent les grandes îles qui forment l'archipel des Philippines, comme Luçon, Mendanao, Leyte, Samar, Camarines, etc., et celles qui existent dans l'île de Panaye, elles seraient plus que suffisantes pour amortir une grande partie de la dette, si on les offrait en paiement.

Calculant ainsi le total des terres et biens qui peuvent être engagés dans toutes les îles, et après avoir consulté les économistes régnicoles qui ont habité et examiné avec attention les importantes possessions que nous avons indiquées, on ne peut assurément les évaluer à moins de 48 millions de piastres fortes (1).

(1) Parmi les personnes que nous avons consultées se trouve M. le marquis de Sainte-Croix qui a séjourné dans ces îles

Loin de nous l'opinion de quelques Espagnols qui jouissent d'une grande réputation, et qui, en voyant le peu ou point de bénéfice que l'Espagne retire dudit archipel de Luçon, et la très pauvre navigation de trois ou quatre bâtimens qui se dirigent vers ce point tous les ans, ont suggéré l'idée que le gouvernement devait les vendre.

La fortune des nations a ses révolutions selon ses caprices, comme celle des hommes; pourquoi aliéner une région maritime, qui pourra élever un jour la marine de la nation espagnole au plus haut degré de splendeur, et à la supériorité dont jouissaient ces mêmes Espagnols, lorsqu'ils en firent la découverte.

Nonobstant ce qui vient d'être dit, rien n'empêche que l'on ne donne une vive impulsion qui augmente la richesse agricole et mercantile de cet archipel, par des moyens développés et certains, par l'aliénation des terres et des biens nationaux, en paiement de la dette.

En résumé, après avoir fait connaître avec certitude que l'Espagne a une dette dont le total se monte à 357,292,718 piastres fortes, elle offre aussi une masse de propriétés ou d'hypothèques qui affectent seulement une partie de sa richesse, et qui repré-

peu connues, les a décrites dans son ouvrage avec intelligence et talent, et qui a rapporté les cartes inédites les plus intéressantes de ces îles.

sentent un capital de 884,248,000 piastres, ou bien un excédant effectif de 526,955,282 piastres fortes (*voir* le compte A) sur sa dette totale ; cet excédant énorme est en sus de la garantie individuelle qu'elle offre comme les autres nations.

Mais sur tous les avantages que nous venons d'indiquer, l'Espagne offre une garantie encore plus considérable dans la reconnaissance que ferait le gouvernement espagnol de ceux de l'Amérique.

Sans entrer dans les détails de cette question, ni dans l'examen des décrets rendus par ces républiques, pour s'opposer à toute indemnité, il est nécessaire de convenir que les Espagnols transportèrent dans ces pays éloignés des capitaux *réels*, *agricoles et industriels*, qui ont procuré la vie à ces pays ; que la véritable cause de la ruine et de la pauvreté de l'Espagne fut cette folie du transport de ces capitaux.

L'erreur générale que les Espagnols acquirent des richesses immenses dans les Amériques est une des plus grandes absurdités qui sont entrées dans l'esprit humain.

Un pays sans chemins, sans connaissance du fer, sans animaux de transports ou servant à l'agriculture, comme chevaux, mulets, bœufs ; un pays où l'empereur du Mexique, ayant le royaume le plus opulent de toutes les Amériques, allait, pour ainsi dire nu, ou couvert avec un misérable morceau de peau (taparabo), aurait donné des richesses immenses aux Espagnols ! !

L'Amérique est le seul pays où l'on peut assigner le jour et l'heure où fut marqué le terrain, pour bâtir les villes et abattre les bois, pour y construire les maisons des principales cités. On peut aussi assigner le moment où furent jetés dans la terre le blé et tous les produits de l'Europe qui servent aujourd'hui d'alimens. Toute cette masse de substances fut transportée par les Espagnols, et fut semée et cultivée d'abord par eux sur les terres d'Amérique.

Certes, on ne doit pas être étonné que les Espagnols s'obstinent à ne pas perdre le résultat de leurs travaux et les fruits de leurs capitaux.

Aussi la plus grande partie de la dette publique d'Espagne a été contractée dans le moment où les deux peuples étaient unis, quand leurs intérêts étaient communs, et dans le moment qu'ils ne formaient qu'une même société.

Les capitaux avancés en conséquence de la société, s'étant mêlés, ont servi dans les deux pays au bénéfice et aux pertes communes de l'association.

Il faut aussi, pour que la justice rigoureuse soit observée, comme le démontre le droit commun, que la société, en se dissolvant, chacune des deux parties solde la part qui lui appartient dans l'association.

Mais, comme la justice à l'égard des gouvernemens a, pour ainsi dire, toujours été une chimère, l'utilité réciproque des diverses parties pourra mieux encore décider cette importante question.

L'Amérique, ainsi que les nations qui ont engagé leurs capitaux dans ce pays, demandent avec empressement à l'Espagne de reconnaître les gouvernemens qui y sont établis.

Les Amériques, se trouvant indépendantes de fait, demandent instamment la concession de ce titre d'indépendance. Il doit assurément être d'une très grande valeur, si on le mesure par l'instant empressement avec lequel on le réclame. Le gouvernement espagnol ne doit pas *différer un instant* à conférer ledit titre; mais ce serait l'action la plus *insensée* que puisse commettre le gouvernement si on accordait cette demande sans un *équivalent*.

Les mêmes puissances qui s'intéressent à cette reconaissance trouveraient extraordinaire qu'on accordât ce titre sans équivalent, tandis qu'elles ne pourraient pas se refuser à être médiatrices.

Leurs grands intérêts les forceraient à prendre une semblable mesure, si la justice et l'équité n'étaient pas assez puissantes pour les y déterminer; car ils verraient chaque jour ces mêmes intérêts exposés par des révolutions *sans fin*, ou ils seraient obligés de prendre une part active si elles voulaient garantir et préserver leurs capitaux.

La considération la plus essentielle, en comparant la valeur de l'indemnité aux avantages qu'elle procurerait aux gouvernemens peu assurés d'Amérique, les engageraient à adopter un moyen qui, outre qu'il est parfaitement juste, offre encore des avantages aussi grands que certains à toutes les parties.

D'après ce mode, et sa responsabilité comme nation, l'Espagne à un excédant de capital sur la totalité de sa dette ajouterait encore à l'indemnité que produirait la reconnaissance des Amériques.

Dans une situation aussi favorable, dans quelle erreur, dans quel délit l'entraîneraient ceux qui osent conseiller à l'Espagne de faire perdre et (disons le mot) de voler ainsi ses créanciers?

TROISIÈME PROPOSITION

Si la nation espagnole faisait banqueroute, dans les circonstances actuelles, elle ferait le plus grand de tous les crimes sans aucune utilité; elle achèverait d'annihiler les sources de la richesse nationale et commettrait, dans cette position, le plus horrible suicide politique et financier que puisse offrir l'histoire des nations.

Certes, peu de personnes hasarderaient une controverse où ils pourraient prouver que, dans la classe des grands délits publics que commettent les nations, la *banqueroute* est, sans contredit, s'il n'est pas le plus inconcevable, est un des plus horribles.

Par cet attentat, les nations qui déprécient et se jouent ainsi de la *foi publique* détruisent en même temps une des bases les plus essentielles sur laquelle est fondé tout l'édifice social.

Le gouvernement qui fait banqueroute abuse, par cet acte infâme, du pouvoir et de la force que la nation lui a confiés et delégués pour conserver la *propriété*, qui est une des bases constitutives et principales de l'état social. Le gouvernement transforme ainsi la force qu'on lui a confiée, pour l'activer contre la propriété, de manière que, par cet acte inouï, il ébranle les fondemens de ce même ordre social.

Il fait plus encore, il donne le scandaleux et immoral exemple de violer la foi publique, à tous les membres qui composent la nation ; il les excite à se moquer ainsi de la bonne foi, pour qu'ils manquent aux engagemens les plus sacrés, lorsqu'ils auront entre les mains la force et le pouvoir pour commettre cette abominable action sans risque.

Si un procédé semblable est aussi criminel vis-à-vis des gouvernemens, quelle en serait l'énormité s'il était commis par un simple caprice, par un manque d'attention, et en se trouvant en possession de quantité considérable plus forte que la dette publique qu'il détruirait? Notre imagination succombe... elle est incapable de se former une juste idée de l'horrible énormité d'un crime aussi épouvantable.

Tel serait précisément le cas de la nation et du gouvernement espagnols.

Il est certain que la *loi suprême de l'utilité* a passé et même disculpé les plus grands crimes commis par les nations ; mais cette triste ressource, ce subterfuge n'est pas applicable à la situation présente de l'Espagne, parce que, loin d'en résulter la moindre utilité pour l'Espagne, le contraire aurait lieu ; le préjudice financier et politique qui suivrait cette mesure ne pourrait être calculé.

Il est indubitable que l'un des plus grands maux financiers qui affligent l'Espagne est la rareté des capitaux, le manque de circulation de celui qui existe et l'absence d'un moyen proportionné *circulating medium* (1).

En laissant exister la dette *interne* il est d'absolue nécessité que sa valeur, tant *minime* qu'elle soit, augmente la somme des valeurs déjà existantes et les moyens de circulation qui existent dans la nation ; mais aussi ils doivent indirectement communiquer l'impulsion aux numéraires et aux valeurs qui ne sont pas en circulation.

L'existence de la dette étrangère augmente les

(1) *Circulating medium* se compose de toutes les valeurs qui ont cours, notes de banque, lettres de change des banquiers de l'intérieur, lettres de commerce, monnaies d'or et d'argent, etc., etc.; la rareté ou l'abondance de ces moyens est le signe de la dépréciation, misère, ou de l'activité des transactions financières et mercantiles; c'est, en un mot, ce qui donne la vie ou la mort au commerce, de même que la circulation du sang relativement au corps humain : cette circulation de valeurs est extrêmement limitée en Espagne.

capitaux et le numéraire par les moyens que nous avons démontrés et mis au jour dans la première proposition, et produirait les mêmes effets que nous avons mentionnés pour la *dette intérieure* et accélèrerait aussi plus rapidement la circulation des valeurs.

Mais en éteignant et détruisant les dettes internes et externes, ces avantages, les heureux effets dont nous avons fait déjà mention, cesseraient et disparaîtraient entièrement.

Le gouvernement en réduisant *à zéro* par une banqueroute la *dette interne*, il est de toute évidence que par ce seul fait il détruirait et annulerait un capital de 140,714,941 piastres fortes (compte A) qui, au très bas prix de 40 0/0 (1) serait équivalent à une ruine subite, et totale destruction de la propriété nationale, d'un capital effectif et réel divisé entre ses propres sujets de 56,285,976 piastres fortes. (2)

En traitant de cette manière la dette étrangère,

(1) La *dette interne* de 5 0/0 vaut, suivant les dernières cotes, 55. Les titres aux porteurs, 54. *Dito* 4 pour cent, 46. Les valeurs non-consolidées, 11, etc., etc.

(2) Le même effet destructif du capital aurait lieu en Angleterre et en France, si l'on suivait les conseils des radicaux anglais et des républicains français, dont les uns veulent annuler (*spunge out*) et les autres diminuer les charges de la propriété foncière, en voulant brûler le grand-livre au pied de la colonne de la place Vendôme.

quelle devra être alors l'extrême misère de toutes les classes de l'État? quelles seront la désolation des familles, et plus encore, s'il est possible de le faire comprendre, le désespoir d'une multitude d'étrangers qui, ayant eu confiance dans l'honneur tant vanté, la probité et la bonne foi espagnoles, ont prêté leurs épargnes et les économies nécessaires à la conservation et à l'agrément de leur propre existence!! Enfin les maux qui devront s'ensuivre, et les désastreux effets d'une semblable mesure seront presque incalculables relativement aux sources de la richesse de l'Espagne. Nous laisserons le soin d'entreprendre ce calcul d'économie politique au sage jugement du gouvernement, tandis que nous pouvons affirmer qu'un acte semblable produirait un mal plus grand encore que l'anéantissement d'une masse de valeurs et de richesses immenses; ce mal serait sans contredit la destruction du crédit public national;

Cette mine féconde et inépuisable, ce pouvoir magique qui a créé la très riche et immense puissance de l'Empire Britannique, et qui a concouru à l'élever à un si haut point de grandeur que les capitaux mêmes de ses propres ennemis, en augmentant son crédit, arrivaient en abondance dans ses coffres, dans le temps qu'on lui faisait la guerre la plus cruelle et la plus acharnée. (1)

(1) Il est démontré par l'histoire des opérations des emprunts de Pitt, que (*voir* Histoire financière de l'Empire Bri-

L'Espagne en temps de paix, et par le remboursement de la dette étrangère, attirera à elle tous les capitaux du monde commercial; en faisant banqueroute aux étrangers, elle perdrait ce pouvoir magique et incalculable.

La nullité du commerce espagnol (1), qu'il est indispensable de relever par tous les moyens possibles, recevrait une impulsion et un accroissement extraordinaires. L'infinité de transactions qui seraient faites de jour en jour par le développement d'un semblable système seront infinies; le commerce des principales villes commerciales et de banque, et plus spécialement celui de la capitale, devra être au moins triplé dans un très court espace de temps, comme cela est arrivé à Paris depuis que la France a contracté une dette en rente publique, et a appelé les étrangers à y prendre part. On peut juger de la grande circulation que ses ventes donnèrent en France, par les opérations sur les marchés de Londres, d'Amsterdam et d'Anvers.

A ce que nous venons de dire, il faut encore ajouter

tannique, par Pebrer) dans les circonstances les plus difficiles, une grande partie des sommes qui étaient empruntées provenaient des pays sous la domination de Buonaparte et où la guerre était la plus cruelle, la plus active et la plus acharnée.

(1) Selon les tables officielles, le commerce d'Espagne s'élevait en 1829, en importations 114,489,000 francs.
exportations 65,548,000

Voir table. B.

que, pour réaliser une mesure aussi désastreuse, l'Espagne perdrait infailliblement les moyens de développer les ressources de ses richesses agricoles et commerciales par l'application et l'augmentation des capitaux étrangers appliqués aux biens territoriaux et aux mines, auxquelles ils se verraient forcés de prendre part si on leur adjugeait pour le paiement de ce qui leur est dû des terres ou *baldios*, comme nous l'avons démontré.

La même nécessité les forcerait à mettre en avant de nouveaux capitaux, pour rendre les premiers qu'on leur a donnés en paiement plus productifs.

Les mêmes effets devront nécessairement résulter du paiement de la *dette intérieure* convertie en propriété de terre représentant l'énorme capital de plus de 140 millions de piastres fortes.

L'augmentation des produits de l'agriculture devront être si grands, ainsi que ceux de l'industrie et de toutes les richesses nationales, de l'application d'une somme aussi majeure, que nous la laisserons au calcul des financiers et des hommes pratiques dans une semblable matière; mais nous ne pouvons omettre qu'en vertu d'un semblable *système* les revenus actuels de l'Espagne devraient être *triplés*. Sa situation actuelle financière, quoiqu'elle soit à peu près semblable à celle de la France en 1788, est bien supérieure en proportion et relativement à la masse de propriétés nationales disponibles. Ainsi la conséquence de l'adoption du système proposé triplera alors comme en France les revenus de l'État. L'Espagne, adoptant le même moyen, devra obtenir des résultats identiques..

Examinons rapidement les désavantages et les inconvéniens politiques qui pourraient résulter, dans cette position, de faire une banqueroute dans la situation actuelle.

Les faits et l'expérience journalière démontrent que le nouveau système a créé de puissans *ennemis nationaux et étrangers*. S'ils cèdent pour le moment à la force ou aux circonstances, il ne faut pas croire, pour cette raison, qu'ils ont renoncé à leurs desseins; ils ont pour auxiliaires l'hypocrisie, la dissimulation et le domaine des consciences, les préoccupations des masses, et l'intérêt personnel, élémens les plus puissans dont puissent user les forces humaines; ils tourneront, il n'en faut certes pas douter, à reprendre leur position hostile et à l'attaque, à la première circonstance qui pourra leur être favorable.

Il est d'absolue nécessité que l'on puisse opposer à des élémens de cette nature d'autres forces égales; il est indispensable de faire incliner la balance avec l'énorme poids de l'acquisition de nouveaux partisans, non-seulement nationaux, mais encore étrangers.

Le gouvernement possède dans sa main ce grand et infaillible ressort pour l'effectuer, *l'intérêt*, s'il le fait représenter dans des capitaux convertis en possessions nationales données en paiement de la dette.

Le gouvernement de Votre Majesté sait, par l'histoire des autres nations du monde, et plus particulièrement par celles d'Europe, que jamais une nouvelle dynastie n'a été consolidée, ni aucun nouveau système politique solidement établi, sans avoir intéressé et augmenté le crédit de ses nouveaux soutiens, en faisant passer les biens des ennemis dans les mains de ses amis. Les aïeux qui forment votre dynastie, les dynasties qui ont régné sur la France depuis 1200 ans (1), nous offrent une série de faits semblables de cette espèce qui viennent à l'appui de notre assertion.

Donc l'on peut déduire que si, en Espagne, dans le cas où il serait nécessaire de recourir à la propriété des ennemis des droits de Votre Majesté et du système actuel, le gouvernement serait entièrement justifié.

Mais dans tous les cas il est nécessaire d'être bien convaincu d'une vérité applicable à la situation actuelle de l'Espagne. La France n'aurait jamais joui des bienfaits de la liberté, d'un gouvernement représentatif et de l'augmentation immense de richesses nationales qu'elle possède aujourd'hui, de

(1) *Voir* Traité de l'origine du gouvernement français, par Garnier; Théorie des lois politiques de la monarchie française; Histoire générale des finances, par Arnould.

l'extraordinaire élévation des revenus de l'Etat, sans les assignats, parce que jamais la révolution française n'aurait pu marcher en se consolidant, si les milliards de dettes contractées dans ce temps n'avaient représenté une grande partie des terres et des propriétés composant la richesse nationale, et si cette propriété n'avait pas été morcelée et acquise par une multitude de nouveaux créanciers convertis en propriétaires et défenseurs du nouvel ordre de choses, en vertu du paiement qu'ils effectuaient en *assignats*. Ils furent les signes représentatifs des terres et des biens pendant 10 ans, ainsi que la pensée la plus hardie de la puissance législative pour consolider ce nouveau système.

C'est là le véritable point central, d'où l'impulsion est sortie pour faire triompher les armées de la république contre toutes les menées combinées et toutes les forces réunies de l'Europe. Voilà la force qui l'a fait vaincre, et en même temps que les préjugés enracinés des ennemis de l'intérieur, opposition terrible aux réformes, combat encore plus formidable que celui contre l'Europe entière. De là enfin la continuation du même mobile d'intérêts qui a été reproduit ostensiblement lors du débarquement de Buonaparte de l'île d'Elbe, et continué jusqu'à la compensation du milliard donné aux émigrés (1).

(1) Lorsque Buonaparte revint de l'île d'Elbe, un des

En vue de faits aussi récens, sans contradiction et palpables, il est évident que le gouvernement espagnol rejetterait et abandonnerait le moyen le plus effectif, le plus puissant, et même *le seul* qu'il ait aujourd'hui entre ses mains pour consolider le nouveau système qu'il a entrepris de suivre.

D'un procédé semblable et inattendu résulterait la preuve évidente de la proposition que nous venons d'énoncer, savoir qu'un *gouvernement sans aucune utilité, commettrait le plus grand de tous les crimes et le plus horrible suicide en économie politique qu'offre l'histoire des nations.*

Voyons donc les objections que l'on peut faire à ces propositions.

grands élémens de ses proclamations était de dire au peuple que, si la dynastie des Bourbons pouvait prévaloir sur la sienne, les biens nationaux retourneraient à leurs anciens maîtres; cette seule idée fut en partie la cause de sa popularité. Les populations qui détestaient le plus son pouvoir tyrannique, son oppression, vinrent se ranger sous ses bannières.

OBJECTIONS

A LA PREMIÈRE PROPOSITION.

Objection.

Lorsqu'un grand nombre de financiers célèbres considèrent la dette publique comme la plus grande des calamités d'une nation, chercher à en créer une nouvelle, s'il n'en existait pas, paraît être assurément le moyen le plus extraordinaire et le plus absurde.

Réponse.

Les économistes anglais sont divisés sur ce point; mais les Français, et les autres nations, cependant, établissent leurs opinions par rapport à des circonstances entièrement diverses et opposées à celles où est placée l'Espagne; plusieurs de ces nations ne possèdent et n'ont pas une surabondance d'hypothèques disponibles et à offrir comme l'Espagne.

Objection.

Il paraît incroyable que le même auteur qui a écrit un ouvrage qui a pour objet d'éteindre la dette nationale d'Angleterre, en s'appuyant des maux destructifs que cette dette cause aux principales sources de productions et de richesses, puisse aujourd'hui émettre une opinion pour en créer une dans le pays qui lui donna le jour, dans le cas même où elle n'existerait pas.

Réponse.

L'auteur de l'ouvrage mentionné n'a pas changé d'opinion; au contraire, il est resté ferme dans celle qu'il avait émise, de la nécessité de la liquidation de la dette anglaise, surtout après avoir vu son ouvrage, son système et ses démonstrations admises par la plus grande partie des financiers anglais; mais les circonstances où se trouve l'Espagne sont diamétralement opposées à celles de l'Angleterre, les mesures financières doivent l'être également; aussi, si la dette anglaise, par son énormité, paralyse, détruit et annihile les mêmes sources de production, l'Espagne a besoin d'une dette, pour les mettre en mouvement, pour donner de l'action à ses ressources agricoles, et ouvrir toutes les sources de sa richesse publique.

Objection.

Une semblable proposition paraît appartenir au nombre des théories extraordinaires que nous présente les faiseurs de plans financiers, qui tous les jours imaginent des projets qui tendent à tromper les gouvernemens, et qui sont parfois très lucratifs pour les individus qui les proposent.

Réponse.

L'école-pratique du *royal Exchange* de Londres, que pendant l'espace de onze ans l'auteur a fréquenté, et les discussions et les controverses qu'il a eues a soutenir avec les hommes les plus expérimentés en commerce et en économie politique *pratique*, l'opinion de ces personnes réunie à celles que les financiers ont émise, en adoptant les calculs de l'auteur sur la richesse et les grandes questions financières de l'Angleterre doivent prouver indubitablement que l'auteur ne se laisse pas entraîner facilement et tromper par de vaines théories; ce qui serait une réponse satisfaisante à l'objection, si les principes, les faits et la démonstration ne prouvaient pas évidemment la vérité de la proposition énoncée.

L'auteur qui peut, sans aucun secours, vivre dans tous les pays avec indépendance, manifeste ici qu'il n'a aucun intérêt personnel ou lucratif dans ce qu'il a exposé ; mais il est mû par celui général du monde commerçant, par celui d'une infinité de familles dispersées par toute l'Europe, et, par-dessus tout, par les grands et immenses intérêts de l'Espagne.

OBJECTIONS

A LA DEUXIÈME PROPOSITION.

La dette est reconnue positive et le chiffre certain. Les évaluations des richesses nationales, agricoles et minérales, sont arbitraires et *incertaines*.

Réponse.

On ne connait pas qu'il puisse exister d'autres moyens, pour évaluer la richesse nationale des peuples, que ses valeurs approximatives ; et ils sont suffisans pour l'objet proposé. La précision arithmétique est presque impossible, et n'est pas d'absolue nécessité.

L'expérience a démontré, dans le temps de la constitution, que les propriétaires qui mirent en vente des terres pour du papier, à cette époque, les vendirent trois ou quatre fois la valeur de l'estimation effective qui en aurait été faite en argent. Avec cette donnée, et en voyant la surabondance des capitaux nationaux qui dépassent de beaucoup le total de la dette, il en résulte une latitude suffisante pour que, dans le cas où les évaluations seraient portées trop haut, ou quelques-unes des possessions que nous avons indiquées ne seraient pas immédiatement applicables à cette extinction, il y aurait encore en plus un effectif de propriété considérable.

Objection.

Si les terres et *baldios*, etc., etc., peuvent être vendus, la vente des mines, etc., etc., ne pourra être réalisée.

Réponse.

La vente de la richesse agricole, unie à celle des œuvres pies, est plus que surabondante pour effectuer le paiement de la dette publique.

Si la richesse minérale n'est pas aussi disponible, elle peut cependant être aussi offerte pour exciter et donner du mouvement à l'industrie et aux capitaux, ce qui est suffisant pour tirer la Péninsule de la torpeur et en augmenter les richesses et les ressources.

Objection.

S'il est vrai que, lorsque les Espagnols conquirent les Amériques, les naturels n'avaient aucune des connaissances nécessaires, ni aucuns moyens pour ouvrir et travailler les mines, tout le monde convient cependant que les Espagnols ont exporté de ces régions des trésors immenses et une grande quantité d'or et d'argent.

Réponse.

Les Anglais, dans ces derniers temps, se sont aussi présentés avec des moyens bien plus puissans, *avec les machines à vapeur*, et avec des ressources et des inventions bien plus grandes que celles que possédaient les Espagnols. Ils exportent aussi dans ce moment une grande quantité d'or et d'argent. Mais on peut bien demander à combien leur revient chaque million arrivé à Londres (1). Ils peuvent

(1) Les sommes des capitaux envoyés par les Anglais dans l'Amérique espagnole sont immenses; *en emprunt* seulement, elles s'élèvent, selon la table officielle XXXI de l'ouvrage de Pebrer, à 23 millions et demi de livres sterlings qui font 117,500,000 piastres EN MINES. Selon la table officielle XXXII, page 280 du même ouvrage, il a été payé jusqu'au 2 février 1832, 6,215,870 livres sterl. qui font 31,079,350 piastres fortes, pour exploitation de mines par les différentes compagnies, mais pour le compte des retours. Il faut entendre l'assemblée de la compagnie des mines

dire si les mines d'Amérique n'ont pas *absorbé, absorbent et absorberont* un capital quatre fois plus considérable que ceux qu'ils en retirent. Si les Américains, les Espagnols et en général les étrangers qui admiraient avec enthousiasme les millions qui arrivaient à Cadix, en avaient calculé le prix, ils auraient vu que ces trésors étaient au contraire la véritable cause de la ruine des capitaux d'Espagne, et n'ont jamais procuré une importation qui lui fût lucrative.

OBJECTIONS

A LA TROISIÈME PROPOSITION.

Le gouvernement espagnol, par une mesure aussi vaste, aussi transcendante, nuirait aux intérêts d'une

mexicaines unies, qui, par sa déclaration dans la dernière assemblée, a pris une résolution pour appeler l'attention du gouvernement anglais sur les actes des Mexicains qui ont volé et pillé leurs capitaux (en anglais Plunder). Plus d'un million et demi de livres sterlings ont été dépensées par cette compagnie, sans avoir jusqu'à ce moment donné un sol de dividende, et elle n'arrivera jamais à pouvoir donner le moindre bénéfice.

classe puissante; cette mesure pourrait aussi alarmer la nation, augmenter le nombre des ennemis que compte déjà le système actuel.

Réponse.

Le gouvernement de VOTRE MAJESTÉ, par une mesure aussi grande, et d'une utilité si reconnue, ferait au contraire connaître à l'Espagne sa dignité, sa richesse. Sa probité démontrerait enfin que l'époque est arrivée où le gouvernement chargé de diriger ses intérêts est digne d'une telle nation.

Dans le nombre des richesses destinées au paiement de la dette, on n'a point fait mention des biens *que possèdent l'Église*, ni de ceux des *corporations privilégiées*; mais si le cas arrivait où ils fussent nécessaires, *la loi suprême de l'existence de l'État*, les bénéfices et les avantages généraux qui en résulteraient pour la nation en général devraient naturellement imposer silence, et absorber les intérêts particuliers d'une seule classe.

Les ennemis du système actuel vont en diminuant; mais en continuant le système constitutionnel, leurs inimitiés sont de telle nature, qu'il est impossible qu'ils puissent redevenir des amis sincères; ils ont tant d'astuce et de prévoyance que ce serait une chimère que de tenter de les attirer avec *des demi-mesures*.

Le devoir sacré du gouvernement est de ne négliger aucun moyen de se créer de nouveaux amis, pour contrebalancer le pouvoir de ces ennemis; parmi tous les projets, il n'en existe pas sans contredit de meilleur que celui proposé, qui consiste à savoir mettre en mouvement le *puissant intérêt* des masses.

Objection.

La révolution et le caractère français sont entièrement différens du caractère espagnol, et ce serait une grande erreur de vouloir appliquer à l'Espagne les mêmes principes qui ont servi à consolider la révolution en France, et de penser que ce même système pourrait être mis en action et servir au plan nouveau que l'on veut introduire en Espagne.

Réponse.

Telle a été littéralement la réponse qui fut faite en 1812—20—23 aux hommes-pratiques qui conseillaient des moyens financiers et énergiques comme ceux dont nous venons de parler pour la consolidation du système représentatif, et qui furent rejetés dans le temps.

Nous avons vu deux fois le système représentatif tomber en Espagne; *très certainement* il n'aurait pas plus de succès une troisième, si on ne prenait pas les moyens infaillibles que nous proposons pour le consolider.

S'il est positif que les nations diffèrent de caractère,

il est encore plus positif que le puissant intérêt est identique chez toutes les nations. Et c'est à son développement et à son application que l'on doit l'établissement des dynasties nouvelles, et la consolidation des nouveaux systèmes politiques des nations.

Objection.

L'expérience démontre que les nations, après avoir manqué à leurs engagemens, ont eu un crédit égal, et même quelquefois plus grand, que celui qu'elles avaient avant d'avoir fait banqueroute.

Réponse.

Aucun acte injuste et mauvais par sa nature ne peut être justifié par un résultat avantageux.

Laissant à part l'injustice et l'iniquité, il serait nécessaire de prouver dans le cas présent, que la France, par exemple, lorsqu'elle manqua à ses derniers engagemens, n'aurait pas mieux fait de continuer avec bonne foi le même système; qu'elle n'eut pas recours à un mal financier aussi considérable, qui a *annihilé* une somme immense de capitaux réels appartenant à ses propres sujets, acte qui a retardé la consolidation de sa révolution politique et financière. Mais enfin on ne peut nier, et personne ne peut contredire, que le même acte de mauvaise foi fut de créer une méfiance et un discrédit permanent, qui fait craindre même aujourd'hui pour les fonds publics français, aussitôt qu'il arrive la moindre alarme de guerre ou de révolution, etc., etc., ce qui fait trembler ceux qui sont porteurs d'effets publics, avec l'idée fatale et naturelle d'une *banqueroute* nouvelle; tandis qu'en de semblables crises les fonds publics des nations qui n'ont pas commis l'acte dont nous avons parlé descendent d'un ou deux pour cent, les fonds français tombent de 10 pour cent et même plusieursfois de 20 pour cent.

Objection.

Si la dette interne est préjudiciable au pays, à plus forte raison la dette externe ou étrangère, par la raison que le paiement des intérêts s'exporte et se consomme hors du pays.

Réponse.

Si l'Espagne n'avait pas besoin d'attirer les capitaux étrangers par les moyens indiqués, il est indubitable que la dette étrangère, qui consomme ses intérêts en dehors du pays, serait très préjudiciable; mais la grande ressource qui lui reste, pour obtenir ledit objet, est précisément la dette étrangère.

S'il sort de l'Espagne, pour le paiement annuel des intérêts, 4 millions, il devra en être importé 8 millions par le moyen du crédit.

Objection.

Mais comment fera le gouvernement espagnol, avec un revenu de 40 millions de piastres seulement, pour couvrir ses dépenses et employer une moitié ou un tiers au paiement de sa dette ?

Réponse.

Le plus grand effet de la mesure et du système proposé sera précisément d'augmenter et de doubler les revenus de l'État. Les intérêts de la dette anglaise ont excédé et même excèdent encore plus de la moitié des dépenses que réclame l'État ; mais le gouvernement anglais ayant recours à la pratique des moyens que nous proposons dans des circonstances plus difficiles que celles où se trouve être l'Espagne, a su déployer les richesses et l'industrie de la nation en faisant en même temps face au paiement d'une masse aussi énorme d'intérêts.

Les créanciers de l'Etat et leurs capitaux mêmes doivent être les immenses trésors où le gouvernement espagnol (comme le gouvernement anglais l'a fait dans le temps) doit puiser pour le paiement des intérêts annuels, et il attirera de la nation de plus fortes sommes que celles qui sont exportées.

Objection.

Ces mêmes principes doivent nécessairement conduire à la création d'une dette immense et aux déplorables effets qu'une mesure semblable a produits sur la nation anglaise.

Réponse.

Quand bien même ce cas aurait lieu, la nation espagnole serait arrivée au point de développer et de montrer une immense richesse, supérieure et en état de faire face au paiement de sa dette, comme aujourd'hui le pratique la Grande-Bretagne.

Objection.

Tout cela peut être vrai; mais, en attendant, le gouvernement espagnol, pour marcher et consolider son existence, a besoin de promptes et immédiates ressources.

Réponse.

Le gouvernement espagnol aurait immédiatement autant d'argent que ses besoins nécessiteraient, mais toujours en faisant marcher l'adoption de la mesure que nous avons proposée.

« Le plan pour arriver à un tel point a été mis en ré-
« serve par l'auteur ainsi que celui pour le développe-
« ment complet des ressources de l'Espagne ; il a été
« l'objet des plus longues méditations, calculs, dis-
« cussions et combinaisons de l'auteur avec les mai-
« sons les plus respectables de l'Europe. »

On verrait les effets de ce plan, que l'auteur n'a pas mis au jour, lorsque le gouvernement le croyait nécessaire, après l'avoir discuté et approuvé pour le mettre à exécution; « mais il se trouve tout-à-fait « en dehors du cercle que nous avons tracé dans ce « mémoire. »

Telles sont, Madame, les réponses aux principales objections que l'on peut faire auxdites propositions, *que si l'Espagne n'avait pas une dette existante, dans les circonstances où elle se trouve, il faudrait la créer.* Mais cette dette existant, les garanties que la nation offre individuellement, celles que doivent offrir les Amériques, et surtout l'hypothèque de sa propriété nationale, et le surplus du capital qu'elle présente sur la totalité de sa dette, étant bien plus considérable qu'il ne faut pour remplir ses engagemens, en faisant banqueroute, on commettrait le plus grand des crimes, sans aucune utilité, on détruirait la richesse et le crédit national, et l'on annihilerait par ce procédé le moyen le plus puissant et peut-être l'*unique* qui soit entre vos mains, pour asseoir les droits de la fille de Votre Majesté, et l'heureux système que vous voulez établir.

Si le gouvernement de Votre Majesté peut abonder dans mon sens et applaudir aux idées du système financier que je viens d'exposer, celui qui les présente serait heureux d'avoir interrompu ses travaux pour leur donner plus de force et d'extension, dans la ferme persuasion d'être utile à la patrie, en s'opposant au funeste projet de ses ennemis qui seuls pourraient conseiller des mesures aussi préjudiciables que la banqueroute. Mais si leurs suggestions pouvaient prévaloir, il me resterait la satisfaction d'avoir accompli un devoir sacré en manifestant mes idées, en opposant dans ce mémoire comme dans d'autres (1), que j'ai présentés en pareille circonstance, et il demeurera comme un document justificatif de la prévision des maux qui infailliblement réaliseraient les malheurs de l'Espagne.

A. L. R. P. de V. M

Pebrer.

Paris. — Hôtel Mirabeau, rue de la Paix, 6 mars 1834.

(1) *Exposicion a la Nation espanola y alas Cortes sobre las funestas consequencias que se deven se guir del nuevo sistema de hacienda que el ministerio propone introducir.* — En Madrid, 6 de septiembre 1820.

Exposicion a la Nation espanola y alas Cortes sobre la memoria de la comission de hacienda del 26 de septiembre encuanto á la necesidad de un emprestito y sobre el nuevo sistema de hacienda. — Madrid, 3 de octobre 1820.

Exposicion a la Nation espanola y al congreso sobre el tratado de 21 noviembre del S^r ministro Vallejo relativamente al emprestito y operation de la conversion. — Madrid, 4 de Mayo 1822.

L'économiste et le financier espagnol trouveront dans la

lecture de ces trois mémoires une série de faits, des résultats malheureux et des conséquences funestes qui se sont exactement vérifiés de la manière dont elles furent prédites et annoncées par l'auteur.

Il est impossible de passer ici sous silence quelques passages du second mémoire, car ils sont exactement applicables à la situation actuelle de l'Espagne.

L'auteur, après avoir démontré l'absurdité du système financier que proposait alors la commission des finances, de la réduction ou destruction des revenus de l'état, savoir : « En réduisant les contributions directes de 125 millions réaux, « *las puertas*, de 27 millions de réaux; *lescusado*, de 21 millions *idem*; *le tabac*, de 40 millions *id.*; *les subsides du clergé*, « de 15 millions *id.*; *les dîmes*, de 200 millions *id.* Formant le « total de 401 millions de réaux, plus de la moitié du revenu « public. »

L'auteur s'exprime ainsi : « Pourquoi détruire ses impositions dont les contribuables ne refusent pas le paiement ? « Pourquoi les annihiler avant que d'en avoir substitué « d'autres ? Que penserait-on d'un ministre des finances, en « Angleterre ou en Hollande, qui, ayant détruit ainsi la « moitié des contributions, et des revenus de l'état par caprice ou faux système, aurait l'audace de se présenter aux « chambres pour demander un emprunt pour couvrir le déficit qu'il a motivé ! On le conduirait sans doute immédiatement aux petites-maisons. »

« Mais cependant la nation espagnole et le congrès doivent « méditer et prévenir les très funestes conséquences qu'entraînerait une pareille folie. »

L'auteur, après avoir fait voir les vices et conditions extrêmement onéreuses de l'emprunt, continue : « Mais « l'on dira que ces pertes, ces injustes conditions, etc., etc.

« ne sont pas obligatoires par la suite pour la nation, et « qu'elle pourra les restreindre lorsqu'il se présentera une « occasion favorable, en annulant ainsi un contrat onéreux, « injuste et désigné particulièrement à un parti.

« Ceux qui imaginent éluder la difficulté par de semblables « moyens se trompent ; le remède serait pire que la maladie.

« Car cette mesure serait injuste et contre les droits des « peuples. Les nations ne sont jamais *mineures ;* elles ne manquent jamais de connaissance et de liberté ; avec quelle « effronterie la nation espagnole pourrait-elle jamais offrir « le moindre doute aux porteurs de ces certificats ? Comment « pourrait-elle annuler un contrat librement proposé par la « commission, formé par le ministère, discuté et approuvé « par le congrès.

« Si, par malheur, le jour arrivait où l'ignorance et l'a- « veuglement élevassent des doutes sur ses transactions solen- « nelles, la nation espagnole commettrait un acte de perfidie « et de la plus insigne mauvaise foi ; car *après avoir contracté,* « *il faut rendre ; tout prétexte serait inutile, injuste, inique...* « C'est à présent le moment d'empêcher ce mal et cette opé- « ration ruineuse ! !

« Nous savons que nos efforts seront inutiles, attendu le pou- « voir de la commission, du ministère et des contractans ; nous « pourrions mieux consulter notre intérêt personnel en se- « condant l'opération ; mais le sort et l'honneur de la nation « espagnole, les intérêts d'un grand nombre de capitalistes et « de familles étrangères, qui plus tard se repentiront de les « avoir donnés en échange des séduisans avantages qu'on « leur offre ; avantages fondés en définitive sur un système qui « doit les conduire à une ruine totale !... Tels sont les motifs « puissans auxquels nous donnons la préférence sur nos « propres avantages lucratifs, malgré que nous soyons con-

« vaincus de rester seuls dans le combat; mais cette situa-
« tion nous fera redoubler nos efforts en continuant la même
« ligne jusqu'à la fin de la grande catastrophe et de la des-
« truction du système libéral que l'on proclame avec tant
« d'emphase ! !

PEBRER.

Madrid, 3 octobre 1820.

Les deux autres mémoires sont écrits dans le même genre, et même avec plus de force encore, particulièrement le dernier qui fut suivi de la ruine du système constitutionnel occasionnée *en grande partie* par les détestables mesures des finances, comme l'auteur l'avait prédit; mais dans une réunion générale qui eut lieu à Londres en mai 1827, un comité fut nommé particulièrement pour réclamer du gouvernement espagnol la reconnaissance des emprunts, le paiement des dividendes auxquels les emprunteurs avaient droit; l'auteur fut nommé à l'unanimité membre du comité.

Ce comité, cependant, fut induit en erreur, et soit par intrigue soit par ignorance, insista pour les réclamations des intérêts et du capital des emprunts de 1820, 21, 22, à l'exception de celui de 1823. Les réflexions et les démonstrations de l'auteur pour la défense des droits des créanciers ne pouvant prévaloir contre l'opinion de tous les membres composant ce comité, dirigé dans cette funeste opinion par M. *Weeding*, l'auteur, malgré qu'il fût espagnol, fit alors une protestation qu'il adressa au ministre d'état des affaires étrangères, lord Dudley Ward, le 20 juin 1827. Cette protestation était basée sur les faits suivans:

« 1e Que le comité ne remplissait pas son devoir avec
« exactitude *en s'écartant du mandat reçu des créanciers por-*
« *teurs de certificats*, ayant mission de les réclamer tous;

« 2° Que ce procédé était injuste et partiel, puisqu'il ex-« cluait une partie des porteurs de bons, au grand préjudice « des autres;

« 3° Que le motif allégué par le comité pour cette démarche « insensée fournissait le prétexte suffisant au gouvernement « tyrannique qui dirigeait alors l'Espagne, pour ne recon-« naître aucun des emprunts faits par les cortès. »

En poursuivant le même principe, et l'auteur parfaitement convaincu que pour obtenir justice d'un gouvernement de mauvaise foi le véritable moyen était de chercher à *détruire son crédit* dans le grand marché du monde, suggéra l'idée à deux des membres des plus intelligens et les plus influens de *Stock Exchange* de faire passer la résolution « De « ne pas permettre la vente et circulation des rentes, etc., « etc., d'aucun gouvernement dont les dividendes *seraient « arriérés, à moins que les gouvernemens ne soient entrés dans « un arrangement équitable avec leurs créanciers.* »

Cette résolution fut complètement approuvée, et lorsque par la suite on voulut la restreindre pour donner cours aux rentes espagnoles de Paris, l'auteur redoubla ses efforts pour qu'elle soit maintenue; et il est persuadé que les rentes espagnoles n'auront aucun cours à Londres, et le crédit espagnol sera nul jusqu'à ce que le gouvernement de cette nation, par une opération *générale*, *équitable*, et *grande*, aura fait un arrangement honorable et utile à l'Espagne ainsi qu'à tous les créanciers étrangers.

C'est par les faits authentiques que nous venons d'exposer que l'auteur, depuis 1820, a continué sans interruption la ligne qu'il s'était tracée pour la défense des créanciers de l'état, combinée avec l'honneur et le véritable intérêt de la nation espagnole.

Dans l'époque présente, Dieu veuille que les ministres espagnols soient plus heureux dans leurs mesures financières! Ils ont en leur faveur l'expérience du passé, une reine animée du désir de continuer les immenses bienfaits que déjà elle a faits à l'Espagne, et dont le royal beau-fils qui devra épouser la très jeune princesse ne pourra administrer les affaires de l'état de long-temps ; intervalle qui sera suffisant pour que l'Espagne répare ses malheurs et recouvre le rang qui lui appartient parmi les nations.

COMPTE BALANCÉ du total de la dette publique une partie des ressources et des Pro peut destiner à sa

DOIT

Dette interne.

	Réaux de Vellons.	Piastres fortes
Dettes sans intérêts, conformes à l'état officiel de la junte du crédit publique............	1,464,298,825	
Idem avec intérêts *idem*....	1,350,000,000	
	2,814,298,825	140,714,941

Dette étrangère ou externe.

	Livres sterlings.	
Emprunt Laffitte et Haldiman (Cortès)...................	14,000,000	78,000,000
Idem de Campbell, en déduisant ce qui a été converti en rentes 3 pour cent (Cortès)....	1,000,000	
Certificats espagnols en vertu du traité passé avec Ofalia....	600,000	
Total.......	15,600,000	37,500,000
Intérêts arriérés de 10 ans (Cortès)..................	7,500,000	
Dette contractée envers le gouvernement français	80,000,000 fr.	17,777,777
Rentes espagnoles 3 o/o qui doivent être payées à Paris, Amsterdam, Londres, etc., etc.		33,300,000
Rentes 5 o/o qui doivent être soldées *idem*, l'emprunt Guibard inclus................		50,000,000
Total de la dette..........		357,292,712
La valeur des propriétés surpasse la dette de		526,955,288
Somme égale en piastres fortes.....		884,248,000

A.

nationale et étrangère d'Espagne faisant connaître priétés nationales que ce royaume totale extinction.

AVOIR

	Piastres fortes.
Richesses agricoles.	
Terres et baldios, etc., etc., 45 millions de fanegadas à 10 piastres....................	450,000,000
Terres communes et dites concejiles, etc., etc., 4,224,800 fanegadas à 10 piastres......	42,248,000
Forêts et bosquets, etc., etc., en sus de ce qui est nécessaire et à l'usage des personnes royales, 300,000 fanegadas à 10 piastres......	3,000,000
Droits publics des eaux, et des abris, etc., etc., qui font partie du domaine nommé *absolut*.	50,000,000
Biens dépendans des œuvres pies et propriétés sécularisées............................	38,000,000
Total de la richesse agricole.....	583,248,000
Richesses minérales.	
Mines d'or et d'argent, cuivre, fer, antimoine, soufre, sel, etc., etc....................	60,000,000
Idem de plomb, étain, alumine, etc., etc..	75,000,000
Idem de mercure, incluses celles d'Almaden.	58,000,000
Total des richesses minérales......	193,000,000
Richesses agricoles des possessions espagnoles au-delà des mers, sans y comprendre les mines.	
Ile de Cuba, baldios, eaux et abris, etc., etc.	50,000,000
Ile de Puertorrico, *id. id. id.*..........	10,000,000
Archipel de Luçon, îles Philippines......	48,000,000
Total des possessions agricoles d'outre-mer,	108,000,000
Grand total en piastres fortes.....	884,248,000

ÉTAT B.

***ÉTAT** officiel, dressé en 1822, d'une partie des biens nationaux et d'un certain nombre de propriétés domaniales sans utilité pour la couronne, applicables au paiement de la dette.*

	Réaux.	Francs.
Moitié des communes de la couronne..............	2,000,000,000	540,000,000
Propriétés des œuvres pies et des confraternités.......	2,000,000,000	540,000,000
— Des commandeurs des ordres militaires...........	400,000,000	108,000,000
— Des temporalités........	25,000,000	6,750,000
— De l'inquisition.........	50,000,000	13,500,000
— Des couvens supprimés..	2,000,000,000	540,000,000
— De la couronne, inclus les manufactures de Guadalaxara, etc., etc..........	100,000,000	27,000,000
— De la vallée d'Alcudia...	18,000,000	4,860,000
— Du duc d'Alba.........	40,000,000	10,250,000
— Du clergé séculier, déduction faite de ce qui appartient aux propriét. légaux.	2,000,000,000	540,000,000
Total...........	8,633,000,000	2,430,360,000

Tableau du commerce de l'Espagne en 1829.

Importations.	Francs.	*Exportations.*	Francs.
Bois de construction.	1,410,000	Eau-de-vie	2,700,000
Chanvre.........	966,000	Blés et farines......	12,647,000
Quincaillerie.......	4,124,000	Amandes..........	103,000
Cuirs et peaux......	5,163,000	Denrées coloniales...	621,000
Denrées coloniales..	28,118,000	Fruits frais et secs...	7,406,000
Drogues..........	471,000	Huiles............	1,636,000
Fers et aciers......	1,131,000	Fers et aciers.......	1,033,000
Poissons salés......	7,539,000	Laines............	9,775,000
Tabac...........	8,280,000	Liége.............	880,000
Tissus de coton....	3,922,000	Mercure...........	2,325,000
— de laine........	5,839,000	Pelleteries........	35,000
— de lin et chanvre.	12,280,000	Plomb............	4,046,000
— de soie........	4,750,000	Soie.............	1,546,000
Verreries........	417,000	Vins.............	8,508,000
Autres objets......	30,056,000	Autres articles......	12,287,000
	114,489,000		68,548,000

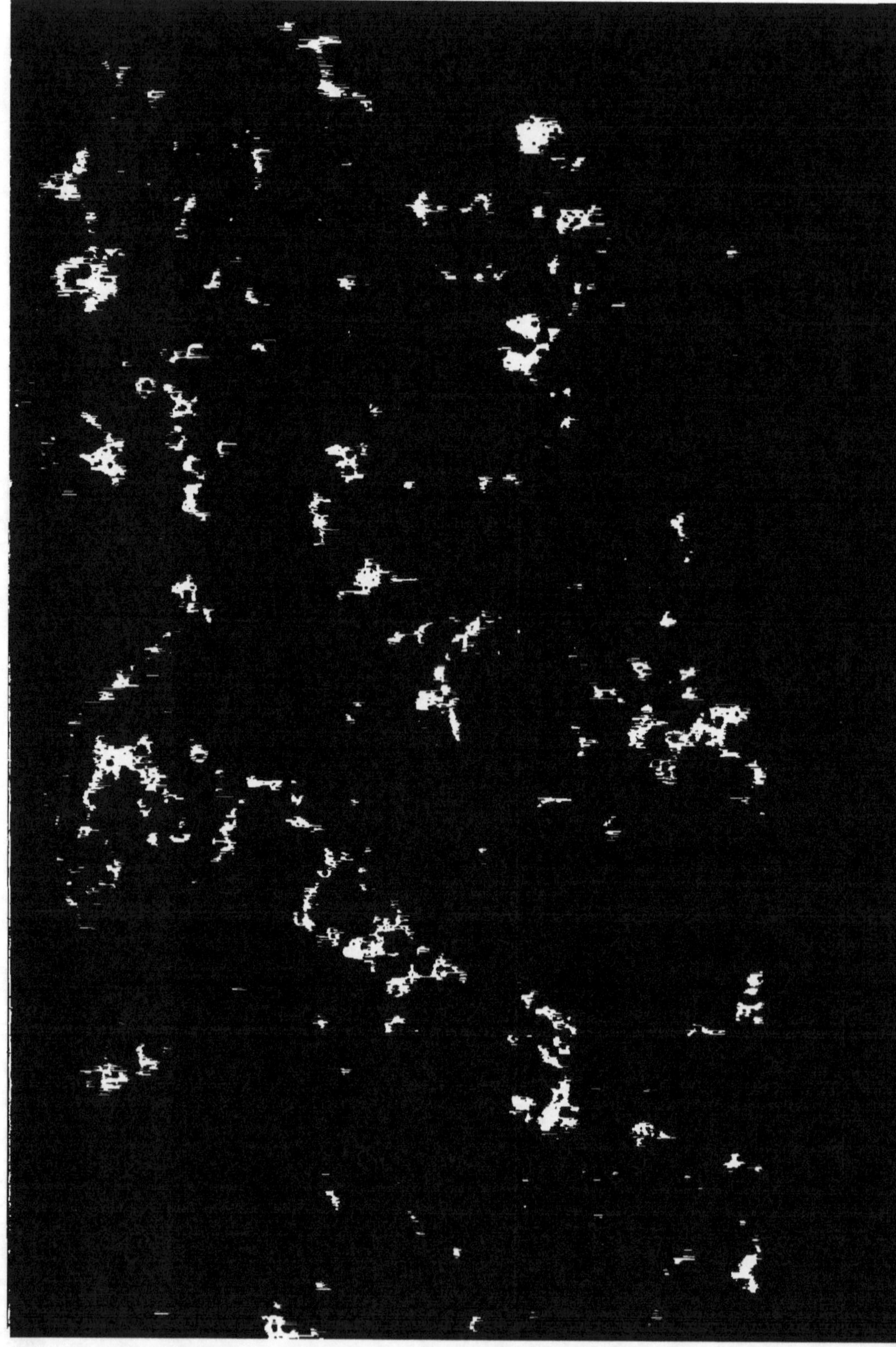

www.ingramcontent.com/pod-product-compliance
Lightning Source LLC
LaVergne TN
LVHW020434230826
846091LV00004B/1487